La confiance en soi

La confiance en soi

Ophélie Bouméla

La confiance en soi

** Guide pour (re)trouver la confiance en soi **

SPIRITRÉALITÉ 2

La confiance en soi

A propos de l'auteure

Iséroise, fervente amoureuse de la vie et de la nature dont elle ne se lasse pas de sillonner les sentiers, fascinée par la naturelle richesse et diversité qui s'y trouvent. Également pèlerine, en chemin sur le très vaste terrain de la vie, celui jonché d'épreuves, de joies, de barrières, de limites, d'ouvertures, Ophélie Bouméla a récemment expérimenté les limites de son personnage, ce qui lui a permis de se libérer d'encombrements pour aujourd'hui découvrir peu à peu la portée des facultés extra-sensorielles et médiumniques qui l'animent profondément. Grande empathe, sensible aux énergies et à la condition humaine, l'accompagnement thérapeutique énergétique est venu à elle comme une évidence. Aujourd'hui elle a fait le choix d'évoluer et de vivre en toute conscience, tout en accompagnant des personnes sur leur chemin et elle le fait avec passion.

La confiance en soi

Sommaire

Introduction

Le thème du manque de confiance ayant été un thème central chez moi, comme chez beaucoup de personnes, j'ai décidé, à travers ce livre, de poser ce sujet en mots afin de comprendre le processus concernant l'acquisition de la confiance, car oui la confiance en soi peut se trouver, à n'importe quel âge. Elle était là au départ, nous l'avons souvent perdue en route, il nous faut indéniablement la retrouver si nous aspirons à une vie plus légère, plus alignée, plus heureuse.

Le contraire de la confiance est le doute, c'est ce doute qui nous met dans des situations souvent inconfortables, surtout lorsque nous doutons de nos capacités par ignorance ou fausses croyances à notre sujet. C'est alors que nous remettons tout notre entourage en question et notre vie à en perdre notre pouvoir ! Ai-je fait les bons choix ? Cette personne est-elle bonne pour moi ? Vais-je dans la bonne direction ? Parfois ces questions nous oublions même de nous les poser à nous même, délégant tout notre pouvoir aux autres, mendiant leur validation pour tout. C'est alors que nous devenons de fabuleux pantins esclaves de l'avis de tous, de la vie de tous.

C'est souvent en écrivant que j'acquière des compréhensions, des réalisations.

Au fil de l'écriture je découvre ce qui vient, il se peut donc que certains concepts soient répétés pour appuyer leur importance, afin qu'ils soient compris et intégrés.

Il est rare que je revienne corriger ou changer l'ordre de ce qui a été posé, accueillez donc comme il se doit le fil des mots, des paragraphes. La logique du plan supérieur, de l'absolu n'est pas la logique du mental humain qui détourne tout par soucis des apparences.

Laissez-vous lire, laissez-vous faire, laissez-vous imprégner des lignes qui vont suivre, l'âme sait, elle a besoin d'être révélée pour être vue. Elle a besoin de Silence pour être entendue. Cessez de juger, accueillez !

1. Au début, en confiance

Un bébé qui naît, a confiance en lui par nature, son état de pureté naturelle lui confère la confiance par état de fait. Lorsqu'il a des besoins, il les réclame de manière assurée en les exprimant selon ses capacités. Il ne se demande pas si cela va déranger son entourage, si c'est ce qu'on attend de lui, s'il fait bien, ou mal, si le moment est opportun, ou non, si son besoin sera ou non assouvi.

S'il a faim, bien souvent il pleure, c'est tout. Et il n'use d'aucune stratégie détournée pour se faire comprendre afin que son parent devine, anticipe ou assouvisse son besoin de manière assurée. Il n'est pas encore formaté à la tergiversation ou la manipulation.

Il arrive vierge de tout encombrement égotique de son environnement, il n'a encore érigé aucun masque. Bien que les âmes naissent avec le bagage de leurs ancêtres et de leurs expériences, par l'environnement qu'elles choisissent à leur naissance dans un bébé sur terre, c'est un grand reset qui s'opère libre de tout souvenir par le voile de l'oublie qui se pose sur lui.

Chaque bébé arrive donc au même point 0 dans son état d'être initial, issu de la même origine. L'étincelle divine brille en lui, comme en chacun. **Une nouvelle possibilité d'incarnation s'ouvre à lui, de vivre sa**

meilleure vie, une nouvelle occasion de se libérer de ce qui est en lui et qui est susceptible de bloquer l'énergie dans son corps, dans sa vie.

Il a donc une confiance aveugle en ce qu'il est et dès lors qu'il prend vie à sa naissance, il délègue sa confiance à ses parents par le principe même de séparation dont il fait l'expérience dès son arrivée. Un bébé c'est un pur être Divin issu de la Source qui a été conçu par ses parents, engendré par la Vie dont nous sommes tous issus.

Le principe même de vie est la perfection dans l'union, le principe de l'expérience terrestre de l'incarnation est la séparation. Avant que l'homme s'incarne dans un corps il est pur esprit relié à tout, c'est un composant de ce qui forme le grand mystère de Dieu, de l'Univers.

2. La délégation de confiance

Etant toujours baigné du principe de l'Union, au début le bébé croit ne former qu'un avec ses parents. Il ne se pose donc pas la question à savoir si ses parents lui veulent du mal ou du bien. Pour lui c'est évident, il EST ses parents.

La notion de bien ou de mal est une apprehension du mental qui vient produire des interférences dans la perfection pour créer des nuances, pour créer tout court d'ailleurs.

L'esprit humain existe pour créer des dysharmonies afin de pouvoir faire de la perfection des expériences d'imperfections, de la diversité. Pourquoi ? Parce que dans l'Absolu tout est parfait et ne peut donc être incarné, c'est l'ennui.

Et ce pour créer des milliards de possibilités de scénarios pour expérimenter autant de fois l'Amour, comme dit dans mon ouvrage précédent « L'expérience de l'Amour ».

Par nature, le bébé, en grandissant, va donc déléguer son pouvoir à ses parents, à ses figures d'attachement, il va adapter son comportement en fonction de qui il est et de ce qu'il va percevoir de son environnement.

3. La notion de bien et de mal

Selon l'Esprit humain, plus on se rapproche du bien, plus nous sommes dans l'équilibre.

>> Plus que bien c'est trop et trop de bien c'est du sacrifice, du don de Soi, trop d'absolu.

Si le don de Soi est une réelle intention du cœur, cela amène la félicité. La vie comble le don d'amour de soi par l'Amour, elle le multiplie à l'infini.

Si le don de Soi est une fuite de sa propre existence, il y a une souffrance cachée qui pointera le bout de son nez lorsque le déséquilibre entre l'abondance du don et le refus de recevoir pour soi deviendra trop grand. Le déni de sa propre réalité fait petit à petit disparaître jusqu'à parfois ne pas se voir du tout exister pour ceux qui le vivent ainsi.

C'est lorsque nous savons inconsciemment que nous sommes l'autre et que nous souhaitons son bien-être avant le nôtre, nous souhaitons le satisfaire avant tout. Nous sommes littéralement l'autre par manque de réalisation de notre existence propre. C'est l'hyper empathie qui nous détourne de notre propre existence. Certains diront « le refus d'incarnation ».

Si cette hyper empathie n'est pas réalisée, alors ces êtres peuvent être littéralement possédés par leur entourage, ne se voyant pas exister pour qui ils sont en réalité, reniant leurs désirs propres, jusqu'à ne pas savoir les identifier clairement et consciemment. **En étant dans le déni de son incarnation propre, il y a un gros déséquilibre dont certains profiteront.**

>> Moins que bien, c'est pas assez, pas assez d'absolu. C'est ceux qui, à l'inverse ne voient pas les autres mais ne voient qu'eux. Ils sont coupés du lien qui les relie à tout jusqu'à écraser les autres pour leur propre intérêt. Le mal-être des autres leur est complètement indifférent, à en être la cause sans scrupule. Ils sont dénués d'empathie et très égocentrés. Se sentant coupés des autres et de ce qui les entoure, sans conscience du lien unificateur du vivant, pour eux, ils en sont victimes, en posture de victimes de leur vie, des autres, fuyant leur propre responsabilité. Pour eux, les autres sont des ennemis à fuir, à abattre ou des objets à manipuler. Seul compte leur intérêt, ils font des relations humaines un vrai commerce de besoin. Se mettre dans les baskets de leur voisin est une tâche impossible pour eux. Tout ce qui les dérange leur est insupportable et doit disparaître de leur réalité, même s'il s'agit du vivant. C'est ainsi que des forêts entières et des animaux disparaissent, que les guerres existent.

Ils se pensent supérieurs à avoir du mépris pour ce et ceux qu'ils ne considèrent pas selon leurs principes.

Ils croient que tout leur est dû car étant séparé de tout, ils se prennent pour Dieu et pensent avoir le pouvoir sur tout, sur les autres. Ceux-là ont une notion du bien très mentale, elle est biaisée, hors empathie. Ils aiment posséder. Ils se mentent beaucoup et l'éveil de leur vraie nature les met face à une réalité peu glorieuse et très douloureuse à regarder, à cause des dommages créés par leur aveuglement.

Il est possible de se trouver dans chacun de ces aspects dans différents domaines selon ce qui nous touche, selon notre histoire personnelle, et ce à divers degrés.

>> Trouver un certain équilibre relève donc d'un haut niveau de conscience permettant de se voir tel que l'on est pour s'ajuster de manière constante. C'est être libre et responsable.

Nous sommes équilibrés lorsque nous nous voyons exister tout en prenant en considération les autres, lorsque nous savons que notre incarnation est notre grande mission et qu'elle a une influence sur tout. Pour vivre en équilibre il est primordial de se voir exister pour qui l'on est avec nos spécificités propres, de se respecter avant tout en gardant son propre pouvoir, sans prendre celui de l'autre, même si cela ne fait pas plaisir. C'est du job de chacun de se découvrir et de se respecter en posant son autorité, ses limites et d'apprendre à répondre à ses besoins, et ce, tout en respectant les autres.

Tout se complète. **Partout où le manque subsiste, il sera complété par ailleurs, et tout déséquilibre amène de la souffrance.** Doit-on penser que pour réaliser l'équilibre, il faut souffrir, pour aimer il faut détester ? Sans doute.

Selon le degré d'ouverture de notre cœur, nos actions seront dirigées. **Une grande ouverture de cœur permet de voir clair** car l'Amour voit tout. C'est ce qui permet de se mouvoir non plus par intérêt mais **par désir et surtout sans attentes.**

Rapidement dans son éducation l'enfant intégrera la notion de bien et de mal selon le schéma familial et son environnement qui deviendra sa normalité. Il aura une tendance aussi en fonction de ses propres perceptions.

4. L'insécurité intérieure

La sécurité intérieure et la confiance en soi sont intimement liées.

Un enfant naissant dans une famille au comportement prévisible et stable où il est accueilli tel qu'il est aura plus de chance d'acquérir une certaine confiance en lui que l'inverse.

Nul jugement ici, tout n'est qu'expériences et heureusement, **chacun a le pouvoir de s'ajuster à ce qu'il vit à chaque instant** en fonction de ses perceptions. C'est l'âme qui crée son environnement d'incarnation, si elle fait le choix de naître dans une famille à tendance instable c'est qu'elle a fait ce choix pour intégrer ces expériences-là. Si elle s'est offerte cette famille, aussi difficiles soient les expériences vécues, c'est qu'elle a la maturité suffisante pour transcender les épreuves offertes et en acquérir les bénéfices.

Il suffira parfois de quelques promesses non tenues ou mensonges pour amener le doute à l'enfant qui se sentira trahi et portera en lui ce sentiment fort d'insécurité. Certains évènements d'apparence anodine marqueront l'enfant une grande partie de sa vie dans sa tendance comportementale.

Chers parents ne culpabilisez pas de toute l'éducation de votre enfant, il a besoin de vivre certains évènements pour se sortir de ses limites. Les grosses blessures sont en lui avant même qu'il ne naisse, avant même qu'il ne soit conçu et il a besoin de vivre des situations pour les réactiver dans le seul but de s'en débarrasser. **Vous contribuez donc à sa guérison. Si** vous en avez conscience, c'est aussi une opportunité pour vous, en observant votre enfant, avec beaucoup de courage et d'honnêteté, de vous libérer de vos encombrements bien souvent avec de similaires caractères.

5. Qu'est-ce que l'instabilité dans une famille ?

L'instabilité ce n'est pas le changement car le changement est nécessaire, à l'image de la vie qui coule de manière incessante pour s'ajuster et trouver son équilibre. Il est parfois nécessaire pour des parents de se séparer lorsque l'amour et le respect ne sont plus au rendez-vous, et ce pour le bien de tous.

L'instabilité dans une famille c'est ce qui n'est pas fiable justement par manque d'amour et qui persiste.

Des parents qui font le choix de faire « semblant » d'être en couple pour le soi-disant bien des enfants sont des parents instables qui vivent dans le mensonge.

L'instabilité c'est l'inconscience, lorsqu'il n'y a pas de sens posé sur les dires et les gestes si ce n'est pour répondre à un intérêt personnel ou à une habitude.

Les conséquences de l'instabilité se manifestent de bien des manières, ce sont les sautes d'humeurs, la maltraitance, l'agressivité, le déni de l'autre, le déni de soi. Ce sont les déséquilibres entre les sexes, les préférences entre les enfants, l'injustice, le contrôle démesuré, le non-respect de l'individualité, la manipulation, le mensonge, la méfiance, le jugement, la moquerie, la dévalorisation, le mépris, la dépendance, la possession…

C'est là où il y a un écart entre les paroles et les faits, **entre les apparences et la réalité**. L'enfant construit sur des sables mouvants émotionnels ne se sentira jamais capable, ni à la hauteur de construire quelque chose par lui-même sans fracas. Cela lui demandera d'être entouré de beaucoup d'amour et de bienveillance par la suite pour apprendre de quoi il est capable et pour gouter aux fruits de ses capacités simplement, dénué d'exigences démesurées.

La stabilité c'est lorsque l'enfant est accueilli tel qu'il est et qu'il est protégé dans son intégrité. Mais tout en ayant des justes limites claires selon les valeurs de la famille. C'est lorsqu'il est pris en considération tel qu'il est et qu'il est porté à grandir pour se déployer librement, sans dépendance. La stabilité c'est la présence, l'attention et le respect de l'intégrité.

L'instabilité est dans les histoires du mental, uniquement.

La stabilité est dans l'Amour, uniquement.

6. La perte de confiance

La confiance en soi est donc acquise par défaut mais dans la construction de notre personnage d'incarnation, elle peut se perdre. L'enfant se servant de l'extérieur pour construire son individualité, en fonction de ce qu'il va vivre et percevoir de son environnement et de ses incohérences, il va se mettre un tas de masques pour ne pas se montrer tel qu'il est par peur des représailles. C'est un scénario auquel il va croire ; et en cherchant constamment à s'adapter, soit pour ne pas faire de vagues, soit pour attirer l'attention, pour se voir exister, il se rendra vite compte qu'il ne pourra jamais satisfaire tout le monde et que ses attentes ne seront pas constamment assouvies, cela créera en lui un vide qu'il ne pourra jamais remplir s'il cherche à s'y atteler encore et encore.

En n'ayant plus confiance en elle, la personne adulte sera en incapacité de se déployer pleinement. Elle sera constamment dans le doute et aura besoin de la validation d'autrui pour ses actions, ses choix. **Le manque de confiance est le résultat du leg de son pouvoir personnel.**

Elle aura tendance à se soucier grandement de ce que l'on peut penser d'elle, tout comme elle se souciera des autres, avec une tendance à elle-même beaucoup juger. Beaucoup d'énergie déployée envers le regard des autres et la critique.

7. La délégation de pouvoir

L'enfant qui n'aura pas été accompagné dans la découverte de son intégrité, de ses capacités propres, ne se verra pas exister pour qui il est vraiment. Il devient l'enfant modelé selon le bon vouloir de son environnement.

C'est la conséquence d'un parent désabusé, par exemple, qui sera confronté à ses propres blessures et limites dans l'éducation de son enfant, qui aura de grosses attentes envers lui et qui jouera de manipulations pour obtenir ce qu'il veut de lui : Son soutien, sa soumission, son calme, son attention, sa loyauté, sa bonne prestance, son obéissance, sa réussite sociale, financière, ce qu'il croit être de l'amour, …. Afin qu'il puisse obtenir une certaine fierté, un accomplissement d'avoir forgé son fruit selon les bons codes sociétaux, une revanche à ce qu'il n'a pas pu accomplir par exemple, ou pour ne pas entacher ce qu'il est fier d'avoir accompli justement !

Peut-être aussi par peur de voir son enfant dans le besoin, manquer et devenir dépendant, ou à l'inverse pour qu'il reste dépendant de lui afin de garder son utilité affective, sociétale, et quotidienne de parent auquel il s'identifie fortement et dont il ne souhaite pas se détacher.

Ce peut être aussi le parent possessif, celui qui répond à tous les besoins de son enfant avant même qu'il ne les exprime, lui privant de la primauté de faire un choix ou une action par lui-même, celui qui fait du chantage, qui ment, celui qui, au lieu d'éduquer son enfant vers l'autonomie en le laissant faire tout seul, va constamment faire pour lui, celui qui répond à tous les caprices, laissant croire à son enfant qu'il peut obtenir tout ce qu'il veut de l'autre par le biais de l'émotion.

Le parent qui éduque son enfant comme il l'a été par principe de valeur à défendre, où en faisant tout l'inverse, par esprit de revanche.

Celui qui utilise son enfant tel un souffre-douleur, le déversoir de ses pulsions émotionnelles, physiques, en abusant de son pouvoir sur lui.

Le parent qui ne permettra pas à l'enfant de s'exprimer en ayant une oreille attentive, à son écoute.

Le parent qui ne fait pas confiance et ne croit pas aux capacités de son enfants.

8. Les conséquences du manque de confiance

Une personne n'ayant pas confiance en elle, n'aura, par loi de conséquences, pas confiance en les autres. Elle sera dans le jugement, la critique, l'envie, la jalousie, la méfiance.

Une personne qui manque de confiance en elle, porte un regard sur elle qui est biaisé. Elle n'a pas conscience de ce dont elle est capable car elle s'empêche d'expérimenter, en se donnant des raisons de ne pas s'y atteler. Elle part défaitiste avant même de commencer, venant bien souvent s'auto saboter pour ne pas y arriver.

Il y a un manque de joie, d'entrain par la croyance de ne pas être capable.

La peur de la défaite a beaucoup plus d'importance que la joie de la réussite à cause du manque de confiance.

Tout comme la peur d'être jugé l'emporte sur la joie d'être soi.

Et comme ici-bas nous créons des situations en fonction de ce que nous vibrons, en vibrant la crainte, nous créons les conséquences de cette crainte. La vie répond à ce que nous vibrons car c'est ce que nous créons.

9. Le manque de confiance en soi projeté à l'extérieur

L'être humain projette son monde intérieur à l'extérieur.

Une personne en paix, verra la paix et l'espoir en tout.

Lorsque quelqu'un manque de confiance en lui il n'a confiance en personne. **Il aura constamment peur de perdre ce qu'il croit posséder, enviera ce qu'il ne croit pas pouvoir être capable d'atteindre, et aura du mépris pour ce qui le dérange de l'autre qu'il refuse de voir chez lui.**

Une personne jalouse sera dominée par la méfiance et la peur de perdre, elle sera en réaction à ses craintes jusqu'à en être soumise et esclave.

Une personne qui ne se croit pas capable d'aboutir à quelque chose fera tout pour ne pas y arriver, elle ne fera rien pour réussir, dominée par la défaite.

Une personne qui ne se connaît pas par son propre regard ne se voit pas exister pour qui elle est, elle aura besoin sans cesse de l'avis des autres, elle sera façonnée par les autres à en être manipulée et abusée.

Le manque de confiance est une grande source de peurs et de limites dans la vie d'un être humain. C'est ce qui l'empêche de se déployer pleinement. C'est ce qui l'empêche d'exister pour qui il est, c'est ce qui l'empêche de se connaître réellement.

Il est indispensable, pour tous ceux qui aspirent au bonheur, de réapprendre à se connaître et à se faire confiance.

10. Qu'est-ce qu'avoir confiance en soi ?

Avoir confiance en soi c'est avant tout se connaître.

En se connaissant, nous savons nos aspirations, nos capacités, nos limites et nous les assumons, bien que la barre des limites puisse être bien souvent repoussée.

Avoir confiance en soi, c'est s'écouter, écouter sa propre voix intérieure. Les personnes qui en confiance en elles ont confiance au pouvoir créateur de la vie, même si elles ne savent pas forcément l'expliquer, elles savent que la vie ne veut que leur bien, que tout est expérience et que la défaite n'existe pas. **Chaque expérience nouvelle est une réussite car elle permet de se connaître davantage** dans de nouvelles circonstances. **La défaite réside dans la persistance d'une expérience qui ne nourrit plus l'intérieur** et dans laquelle plus aucune évolution ne semble envisageable ni possible, c'est l'ennui sans issue si ce n'est y mettre un terme. L'évocation du nouveau fait pointer l'excitation ravivée du cœur longtemps endormi par l'expérience devenue vide, sans contenance malheureusement souvent freinée par les peurs du mental.

Tout est là pour expérimenter, apprendre et grandir. L'enjeu n'est pas à gagner mais à grandir.

La personne qui a confiance en elle ne s'accapare pas du pouvoir des autres, elle joue de son propre pouvoir.

Elle sait que quoi qu'il en soit elle sera accueillie par la vie.

11. La confiance et la foi

La confiance et la foi sont, selon moi, intimement liées.

Quand j'ai la foi j'avance dans le brouillard tout en ayant la certitude que j'arriverai à destination. Quand j'ai confiance j'agis par envie, sans attente du résultat, je sais que le résultat sera à la hauteur de ce dont j'ai besoin, besoin de vivre, de comprendre, d'intégrer.

Avoir confiance permet d'oser tester de nouvelles possibilités dans la vie.

Grace à la confiance, ma boussole intérieure me permet de me diriger vers ce qui est bon pour moi.

La foi se dit d'un état d'être général, de certitudes sans savoir consciemment les tenants, les aboutissants. Je sais, c'est tout et je n'ai pas peur de l'avenir. C'est s'en remettre à quelque chose de plus grand que soi, à un niveau bien supérieur à notre petit personnage qui ne veut que notre bien et qui répond à notre besoin de mieux être, quitte à être éprouvé. C'est croire que tout ce qui nous arrive a un sens, pour notre bien et le bien commun.

La confiance, se dit d'une posture selon un plan plus tangible, elle se gagne, elle se perd. C'est une qualité bien humaine et chacun a des tendances à la confiance selon ses expériences, son vécu, dans divers domaines. C'est l'expérience humaine qui forge la confiance. Avoir la foi aide indéniablement à rester confiant.

Avoir confiance en Soi, selon moi c'est aussi avoir la Foi, car lorsque j'ai confiance en moi, je suis reliée à ma partie supérieure qui fait que je ne doute plus de rien.

Seule une personne reliée à sa partie dite supérieure peut avoir confiance en elle car une personne qui n'a pas réalisé sa véritable nature sera dirigée uniquement par le filtre de sa part humaine instable et incertaine qui le domine constamment.

Pour avoir confiance en soi, il faut indéniablement réaliser sa véritable nature, c'est la seule et unique manière d'atteindre le bonheur et l'équilibre permanent dans sa vie.
Il est tout à fait possible d'avoir une foi inconsciente mais cela donne des êtres d'une grande instabilité

émotionnelle qui subissent de grandes vagues de tourments des deux polarités. Sans la conscience de sa partie supérieure les moments de souffrance peuvent durer plus longtemps, les instants de grande joie très furtifs.

La foi consciente permet de maintenir un état d'équilibre stable, notamment par la mise en place de rituels ou de pratiques quotidiens, c'est en ce sens que les religions peuvent être bénéfiques, elles permettent de se recentrer rapidement et efficacement en nos cœurs.

Tout comme bien d'autres pratiques banales ou moins banals. Passer du temps avec sa famille, ses amis, faire du sport, du yoga, de la méditation, peindre, chanter, danser, créer, travailler, cuisiner, écouter de la musique, marcher dans la forêt, tout ce qui nous fait du bien !

12. La réalisation du soi

Ceux qui réalisent leur nature profonde savent qu'ils **sont reliés avec tout le vivant, ils ont conscience de la loi de cause à effets dans le magnétisme et ils en jouent, ce qui leur permet de s'abandonner pleinement aux expériences de la vie et d'apprécier toutes les conséquences de leurs agissements, de leur manière d'être.**

Le fait de réaliser le Soi permet de comprendre l'importance de jouer pleinement, intensément le jeu de son incarnation en y plongeant assurément.

C'est jouer, tester, apprendre, gouter, accueillir, réparer, améliorer.

Réaliser le soi permet d'évoluer dans le monde avec la conscience que nous sommes le monde.

Cela ne se vit pas dans la tête, cela s'expérimente par le biais des émotions, des ressentis dans le corps.

Réaliser le Soi c'est vivre pleinement sa part humaine sans la renier tout en ayant conscience de sa divinité. C'est réaliser que nous sommes le scénariste, le metteur en scène de notre vie mais aussi l'actrice, l'acteur. C'est pouvoir jouer pleinement son rôle d'acteur tout en se rappelant que nous avons le pouvoir sur le décor, les figurants, le scénario et la mise en scène. C'est un rôle d'acteur qui improvise chaque instant sa vie tout en ayant déjà posé au préalable une ligne conductrice et des conditions, une direction, une ambiance pour transcender et épurer ce qui se doit de l'être pour laisser passer l'énergie de vie au maximum, pour la diffuser et la faire fructifier, pour donner envie à d'autres joueurs de jouer pleinement leur propre partie avec allégeance.

Réaliser le soi c'est être un vrai phare sur terre qui assume pleinement sa lumière, quitte à en éblouir les aveugles.

C'est réaliser que nous détenons toutes les ficelles de notre vie tout en étant relié à notre part supérieure. Nous avons le pouvoir sur notre vie et assumons toutes les conséquences de nos actes. En acceptant que cela n'aille pas dans le sens voulu car nous ne sommes pas seuls sur terre dotés d'une conscience individuelle et qu'il y a une part de résultat qui ne dépend pas de nous uniquement. **Nous sommes au service de la vie pour diffuser la vie.**

Si nous en avons conscience, cela nous permet d'agir clairement selon une intention désirée. **Sans conscience, la vie se sert de nous hors conscience propre car elle a besoin de nous et nous perdons le fil de notre vie car sans la conscience supérieure, l'humain est un être extrêmement limité.**

Nous sommes des récepteurs-transmetteurs d'amour. Plus il y a de l'amour, plus y a de la conscience partagée. Plus nous répondons à l'appel de l'amour, plus nous serons heureux car nous devenons témoins de véritables miracles d'amour et de joie, de guérisons, de renaissances !

13. Confiance, abandon et discernement

La réalisation du Soi ramène la confiance en soi et permet le discernement par le fait de voir clairement partout. Non plus par la lucarne du petit personnage limité, mais par l'ouverture du panorama à 360° de l'être.

Les émotions limitent la vision, c'est pour cela qu'il est important de les laisser passer en les laissant s'exprimer. Ce sont les émotions que nous retenons qui nous limitent et nous enferment dans notre corps tout restreint et tout bloqué.

Lorsque nous sommes en confiance, cela permet de nous abandonner pleinement à l'expérience de vie, nous nous laissons être vivants en exprimant notre vérité, en exprimant tout ce qui nous traverse, que ça plaise ou non, et en extrayons tous les bienfaits. **Avec le discernement d'un cœur ouvert, nous faisons des choix judicieux qui nous permettent d'être heureux et de diffuser de l'amour autour de nous.** Qu'il soit accueilli ou non.

Bien sûr l'Amour est très souvent refusé mais cela ne dépend en rien de nous. Chacun a sa responsabilité dans ses choix. Lorsque nous avons conscience de cela nous agissons avec la connaissance que nous sommes l'actrice, l'acteur, principal de notre propre vie et, même si chacun en dose sa propre part personnelle, la part d'amour que nous pouvons amener au monde est énormissime si nous le voulons !

14. Confiance et joie

Une personne sûre d'elle et en confiance s'activera, s'animera par le biais de la joie, elle accueillera tout hors d'attentes, **elle prendra du plaisir sur le chemin sans se soucier du résultat**. Elle ne laissera plus les peurs la dominer et la manipuler.

Quel que soit le brouillard visible, Il fait toujours beau au-dessus des nuages ! et Intégrer cette dimension supérieure dans sa vie, permet d'être en confiance.

S'agiter dans le brouillard ne permet pas d'en sortir, tout au plus de l'éloigner légèrement mais il reste bien visible.

En prenant parfois de la hauteur pour voir ce qui se joue en réalité d'une situation, cela permet d'avoir un point de vue objectif de la scène réelle, telle qu'elle est pour sortir du tourment et

comprendre la bonne attitude à avoir, observer les éventuelles conséquences.

La joie accueille tout, c'est l'émotion d'amour par excellence, la confiance en qui nous sommes amène indéniablement la joie, et la joie amène la joie !

La joie est contagieuse, la confiance aussi ! En ayant confiance en soi, cela va permettre à d'autres d'oser reprendre leur pouvoir d'être, d'oser à nouveau avoir confiance en eux, d'oser prendre le risque de perdre ce qui est nocif et bloquant ! D'oser sortir du confort de la victime qui a besoin d'attention et qui la quémande par sa posture, en faveur d'attirer l'attention par la responsabilité de son pouvoir pleinement manifesté et assumé !

Dans les films, les regards sont tournés vers celui qui est triste plutôt que vers celui qui est heureux, l'injonction du bien c'est d'aider celui qui souffre, c'est de lui dont on s'occupe. Dans l'inconscient collectif, il faut être triste pour attirer l'attention et mendier de l'amour. Celui qui est heureux n'a besoin de personne, on aurait donc rien à lui apporter. Ce qui renvoie certains à leur incapacité d'être en lien si ce n'est que pour être « utile » à l'autre. C'est faux ! Bien sûr qu'il est très important d'amener du réconfort aux souffrants, mais dans une juste mesure ! Cessons de pleurer avec les pleureurs qui font le choix de souffrir pour quémander de l'attention. Ce sont de vrais vampires qui vous pompent toute notre énergie en se déresponsabilisant de leur guérison. Cela ne les aide pas à aller mieux et les déresponsabilise de leur propre santé mentale et physique. Pensez-vous qu'il soit juste de donner de l'alcool à un alcoolique pour l'aider ? De pleurer avec une personne dépressive pour lui redonner de la joie ? De crier avec un enfant en pleine crise colérique de frustration pour l'aider à passer le cap ?

Et si nous cessions de nous affairer pour nous rendre utile en satisfaisant les autres et que nous nous contentions d'être nous tout simplement en étant vrai et honnête. Quitte à aller vers les personnes qui nous attirent sans attentes, sans avoir constamment ce besoin d'apporter ou de prendre quelque chose à l'autre. Et si nous simplifions les relations humaines pour gouter juste aux plaisirs de la découverte et du partage sans jugement, sans attendre quoi que ce soit de l'autre. Peut-être que cette personne a des trésors enfouis qui nous sont destinés dont ni nous ni elle n'avions idée. Peut-être qu'une simple parole honnête prononcée de notre part, que notre seule présence auprès d'elle, même furtive aurait le pouvoir de changer toute sa vie de manière insoupçonnée ! **Qui sommes-nous pour juger de quoi que ce soit de ce que la vie a à transmettre par notre biais ?!!!**

15.Bénéfices du doute

Cela est souvent réconfortant pour certains d'être dans le doute tout le temps ! Et oui, ainsi s'en remettre constamment aux autres, demande beaucoup moins d'efforts ! beaucoup moins de prises de risques. « Je ne me condamne pas si je n'assume pas qui je suis car je ne sais pas qui je suis et je pourrai dire que c'est la faute des autres ou que les autres se trompent ». **Une personne dominée par son mental sera constamment dans l'instabilité du doute, virevoltant selon le sens du vent**, du mouvement extérieur, capable d'avancer et de reculer sans fin.

Tandis qu'une personne stable et équilibrée en son être avec la conscience de sa partie supérieure, **aura une grande certitude en la direction à prendre, tout en sachant qu'elle peut assurément changer selon les besoins de l'être** dans un seul but sécure évolutif d'ascension de son humanité, de l'humanité toute entière.

Oui la certitude de la bonne direction peut faire des dommages collatéraux, elle réaligne ce qui ne l'est pas sur le chemin, quitte à retirer de gros cailloux ! **Un chemin de certitudes implique une grande force de caractère, d'assurance et beaucoup de douceur envers soi** pour assumer les conséquences de certains choix parfois déstabilisants pour l'entourage qui ne comprend pas et qui juge ou qui peut en souffrir par manque de conscience, d'ouverture, d'amour tout simplement.

16. Excès de confiance envers les autres, soumission pour de l'amour

L'excès de confiance envers les autres existe chez les personnes qui sont trop désincarnées. C'est-à-dire chez ceux qui manquent d'ancrage de personnalité et/ou d'ancrage physique, et qui ne se voient pas vraiment exister pour qui ils sont, mais uniquement à travers le regard des autres. Ils ont une entière confiance en les autres et pas en eux.

Ceux-là ont souvent trop « bon cœur », ils donnent beaucoup plus qu'ils ne s'autorisent à recevoir. Chez eux il y a un gros manque de personnalité, ils sont très influençables, ont une capacité d'adaptabilité extrême et sont en général beaucoup plus dans l'affairement du travail, des activités, et la fuite de leurs propres besoins personnels, que posés sur leur humanité propre. Ils fuient leur humanité pour ne pas se voir pour de multiples raisons : fuite de leurs émotions, peur de leur puissance, peur de souffrir, de manquer d'attention, d'amour. **Ils**

recherchent constamment de la reconnaissance car ils ne se voient pas exister.

La fuite dans le mental les rend absents en leur corps, les rendant perméables aux autres, surtout lorsque des sentiments sont présents dans une relation, au point de ne pas se voir parfois **littéralement possédés, abusés et manipulés.**

Ce sont souvent des personnes qui vibrent plutôt haut par leur grande ouverture de cœur en avant, et qui, par manque d'entrainement de la partie rationnelle de leur cerveau gauche, sont défaillants dans le discernement d'une réalité peu glamour. **Ils fuient leur existence, de parfaites cibles pour les pervers narcissiques**.

Ils vendraient leur âme pour une miette de reconnaissance mais la déception est souvent bien grande lorsqu'ils se font abusés et lors qu'ils s'en rendent comptent leur monde s'effondre. Ces personnes donnent tout mais se refusent littéralement de recevoir l'attention qu'ils quémandent, ce qui se manifeste par le fait d'être inconsciemment attirés par des vampires énergétiques qui profitent de leur gentillesse ou qui leur prennent tout.

Leur manque de discernement est directement relié au manque de personnalité propre.

17.Le manque de personnalité

Le manque de personnalité vient de l'enfance, lorsque l'enfant se construit dans une famille exigeante ou dans laquelle il a peu d'espace pour se déployer. L'enfant répondra à ce que le parent attend de lui pour être un enfant sage. Tel un caméléon, il observera ses parents pour se fondre dans le décor de ce qu'on attend de lui en pensant récolter de l'amour. Il a ainsi acquis la faculté d'empathie en « étant » ses parents pour jauger de comment ils se sentent, leur tendance émotionnelle, pour savoir comment se positionner pour leur faire plaisir, ne pas faire de vagues, ne pas les décevoir et éviter le conflit.

Cet enfant n'est malheureusement pas toujours vu pour qui il est mais il est conditionné, modelé aux attentes de ses parents.

Une fois adultes, pour équilibrer leur tendance et sortir de ce schéma de faux semblants, de mensonges qu'ils se racontent, ces personnes auront **besoin de trouver de la reconnaissance en eux, par leurs propres moyens, par le biais de se sentir exister pour qui ils sont dans leur humanité et de connecter la joie par les ressentis et de les accepter.**

18. Comment reprendre confiance en soi

Pour avoir confiance en soi, il ne suffit pas uniquement de réaliser sa véritable nature, bien que cela permette d'avoir des agissements alignés à qui nous sommes mais aussi **d'oser les exprimer pleinement ! Il s'agit d'exprimer, de manifester sa spiritualité dans son humanité. Il s'agit de vivre pleinement son incarnation humaine en concrétisant des agissements, des paroles, des créations. Il s'agit également d'oser pleinement exister.**

Pour avoir confiance en soi il faut pouvoir vivre des situations pour permettre de ressentir clairement la fierté d'être ! Le fait de réaliser sa véritable de nature permet d'acquérir une manière d'être positive et évolutive porteuse d'amour. C'est une qualité extrêmement libératrice à condition d'apprendre à équilibrer toutes ses énergies pour servir l'humanité avec courage et force en apprenant à gérer ses émotions pour ne plus en être esclave.

Pour avoir confiance en soi, il faut expérimenter ses capacités pour apprendre à les connaître et les déployer. Savourer le bon goût des fruits que l'on a semés et cultivés avec le temps pour avoir envie de les semer sans fin, à en élargir l'exploitation.

Pour avoir confiance en soi il faut se voir pleinement exister pour qui l'on est réellement et vivre la joie de s'en rendre compte, de le réaliser.

Pour avoir confiance en soi, il est primordial de s'entourer d'amour et de bienveillance, de beaucoup de douceur.

Pour avoir confiance en soi, il faut accepter de ne pas réussir, malgré avoir tout fait pour, et savoir tirer les bénéfices de la défaite.

Pour avoir confiance en soi il faut apprendre la persévérance et savourer la satisfaction d'en accueillir les dividendes.

Pour avoir confiance en soi, il faut se féliciter de chaque effort fournit en ayant osé sortir de sa zone de confort.

Pour avoir confiance en soi il faut être extrêmement bienveillant avec soi, avec les autres. Apprendre la tolérance permet d'accepter la différence pour cesser de se comparer aux autres.

Pour avoir confiance en soi, il faut se féliciter de chaque réussite.

Pour gagner en confiance, **il faut se connaître, savoir lire les messages que la vie nous envoie à** travers les ressentis de son corps, à travers ce qui nous entoure, les évènements, les rencontres, la nature, car oui la nature, notre environnement est le plus beaux des miroirs pour nous refléter ce que nous vibrons. Nous l'avons créé ! et nous recréons tout à chaque instant, même si nous n'en avons pas toujours conscience ! **Tout ce sur quoi nous posons notre regard a quelque chose à nous dire de nous**, pour le meilleur, comme pour le pire. A nous de savoir décrypter les messages et d'avoir envie de découvrir nos parts d'ombres pour les voir être mises en lumière, d'accepter de voir notre belle lumière éclairer le monde en toute humilité et modestie tout en l'assumant !

Oui pour avoir confiance en soi il faut se pardonner de ne pas toujours être à la hauteur, savoir accepter ses propres limites, se respecter.

Pour avoir confiance en soi il est indispensable de poser son autorité en sachant dire non lorsque c'est nécessaire sans avoir à justifier tous ses choix, tous ses faits et gestes. Nul n'a de compte à rendre à personne pour pouvoir respecter son intégrité. **Être intègre est le droit et je dirai même la responsabilité de chacun.**

Pour avoir confiance en soi il est indispensable de se libérer de l'emprise des autres. Il faut impérativement cesser tous les abus et **les dénoncer**

pour se libérer de leur emprise. Même s'ils datent de trente ans. Tant qu'ils ne seront pas vus et dénoncés ils auront du pouvoir sur vous et vous manipulerons sournoisement de manière inconsciente. La simple justice de la mise en lumière en se laissant traverser de l'émotion sous-jacente est suffisante pour vous en débarrasser. La justice des hommes peut servir à condition qu'elle soit source de libération, pas de vengeance punitive dans l'espoir d'une réparation ou d'une attente de reconnaissance humaine de la souffrance vécue qui n'aura peut-être jamais lieue. Il est nécessaire de vous reconnaître victime collatérale des blessures d'autrui à travers votre regard, pas celui des autres. Vous avez peut-être été une pièce dans le puzzle d'un autre pour libérer un karma, pour vider des émotions stockées mais dans ce cas vous n'avez d'autre choix que de l'accepter pour vous libérer de votre prison.

Pour pouvoir l'accepter il est nécessaire de se laisser traverser par toutes les énergies, les émotions qui y sont liées sans retenue si vous sentez qu'elles vous bloquent dans votre vie actuelle : culpabilité, tristesse, colère…. Et le simple fait de dénoncer les faits vous aidera à voir clairement ce qui s'est joué et se joue encore de l'expérience et comment elle a influencé peut-être toute votre vie.

Pour gagner en confiance, il est important aussi de prendre en considération la temporalité. **Il faut parfois du temps pour voir la vie répondre** à nos agissements, tout n'est pas instantané ici-bas. Patience !

Pour gagner en confiance, il est bien d'agir par envie et porté par la joie, plutôt que dans la peur d'un résultat incertain. Ce que l'on vibre vient se matérialiser dans notre vie en fonction de comment nous agissons, dans quelle énergie, quel état d'esprit. Et oui, nos peurs nous les vibrons, donc nous les matérialisons.

Pour gagner en confiance, il faut apprendre à être raisonnable. Cesser de se voir tout en haut de la montagne, exempt d'en avoir bavé, sans avoir vécu l'effort de gravir chaque étape, sans avoir sentie chaque goute de sueur versée à chaque pas. Il est indispensable d'avoir gouté la fierté de l'échelon gravit, de chaque effort personnel fournit !

Celui qui se retrouve tout en haut sans effort ne pourra jamais gouter la vraie fierté du mérite de son pouvoir personnel. Il ne pourra que se féliciter d'avoir usé de stratégies mentales sans gouter dans ses tripes aux ressentis du réconfort après l'effort, de sa fierté d'être et d'exister pour ce qu'il est en vérité.

19. Qu'est-ce qui empêche la mise en action ?

La confiance en soi est intimement liée au degré d'acceptation de son incarnation. Au plus nous refusons de nous voir en face avec nos qualités, nos défauts, au plus nous aimerions être transparents, parfois au point de vouloir disparaître.

Pour se mettre en action, il est nécessaire de se voir exister tel que nous sommes à travers nos propres yeux, non plus avec les yeux de l'esprit, de la pensée extérieure qui se juge sévèrement. Il est indispensable, primordial de s'accepter tel que nous sommes. C'est le juge critique en nous qui empêche la mise en action. Ce sont ces voix qui nous parlent, que nous laissons nous diriger et qui ne sont pas les nôtres. Les voix de nos figures d'attachement de la petite enfance, nos parents nos enseignants, nos amis, notre famille…

Notre propre voix intérieure authentique ne nous jugera jamais pour nous diminuer, bien au contraire ! Mais il est nécessaire et indispensable **de faire taire le brouhaha en nous** qui ne nous appartient pas, pour pouvoir l'entendre cette petite voix. C'est la voix qui nous guide et qui ne veut que notre bien. Elle est d'une extrême bienveillance.

Ce qui nous empêche de nous mettre en mouvement ce sont donc nos croyances limitantes, celles qui nous font croire que nous ne sommes pas capables, que nous n'en valons pas la peine, que c'est inutile, …. Ainsi que nos peurs, celle d'être jugé et pointé du doigt, celle de faire de l'ombre aux autres, d'être vu et mis au-devant de la scène, sur le bûcher !

20. Comment le blocage de mise en action se manifeste-t-il ?

Par un vrai manque de motivation, de la procrastination.

Au travers de blocages physiques, de maladies, des douleurs. Le corps est le réceptacle de qui nous sommes fondamentalement et c'est notre psyché qui le modélise, le conditionne de manière extrêmement puissante.

Avec des blocages circonstanciels, évènementiels, des pannes, des retards…

Sous de faux prétextes et excuses pour empêcher, reporter à plus tard.

Par le biais d'une voix intérieure culpabilisante, accusatrice, dévalorisante.

En déléguant la tâche à autrui, ne se sentant pas capable de faire soi-même.

En se contentant de peu, en « faisant avec », quitte à se priver.

En trouvant un confort dans ses habitudes, se confortant des moindres avantages, même si l'ennui est très présent.

En étant dans l'incapacité d'engranger du changement, évitant la confrontation de ce qui est inconfortable par l'évidence des incohérences et le refus catégorique de se voir en face.

21. Se voir en vérité, les comportements qui dénotent un manque de confiance en soi

Lorsque nous décidons d'être heureux et de nous déployer pleinement, il est nécessaire de commencer à observer les comportements qui nous desservent et leurs conséquences parfois lourdes dans notre vie. **Un regard de vérité est alors indispensable.**

Voici une liste non exhaustive de divers comportements adoptés dans des situations de manque de confiance et de mésestime de soi, au-delà des blocages de mise en action :

- Le déploiement d'un jeu de rôle en se cachant pour ne pas se dévoiler : par l'humour, la dérision, la timidité, l'exubérance, la sur-démonstration, l'agressivité, la soumission, etc... par peur d'être rejeté, jugé, de ne pas être aimé.

- La fréquentation de personnes nocives, qui vont nous manipuler ou nous abuser pour répondre à un schéma de fausses croyances d'être indigne et incapable.

- Le repli sur soi, l'éviction de la confrontation par peur de ne pas être à la hauteur pour se défendre ou par crainte de ne pas être accueilli, être incompris, pas aimé.

- L'incapacité de se projeter dans le futur, ne se voyant pas exister pour qui l'on est. Sans connaître ses capacités, il est toujours difficile d'avoir des projections futures si ce n'est pour répondre aux attentes des autres ou à un besoin de sécurité.

- Le manque d'entrain, de joie, parfois liés à une censure de la petite enfance à être satisfait de soi, à prendre du plaisir, au risque d'être pétrifié de honte.

- La peur d'être seul en public ou de prendre la parole en public, par peur d'être vu. Intégrer un groupe c'est se cacher, se fondre dans la masse et passer inaperçu. C'est aussi se sentir soutenu, défendu dans son existence.

- Le besoin constant de l'avis et de l'approbation des autres, l'incapacité à prendre des décisions seul. C'est la peur de se tromper car il n'y a pas de bon choix, juste des choix qui répondent à des envies, à des besoins ou à des attentes. Difficile d'y répondre lorsque l'on ne sait pas écouter quelles sont ses envies propres ! Ne se voyant pas exister pour qui l'on est mais uniquement selon ce que les autres attendent de nous.

- De l'anxiété, du stress

- Le manque de persévérance, n'y croyant pas réellement et avec l'impatience d'un résultat non immédiat, nous baissons vite les bras.

- La comparaison aux autres. « Et si l'autre faisait mieux ou moins bien que moi ? », avec le besoin d'un repère pour se rassurer de sa dite normalité.

- La peur de déranger, en demandant constamment l'approbation pour intervenir, pour donner des signes de son existence.

- Le fait de s'excuser pour tout, ce qui soulève un manque d'estime de soi, peur de mal faire ou d'être jugé.

- La difficulté à accueillir les compliments et remerciements, en pointant la chance et le destin ou les autres comme prétexte à l'effet bienvenue de ses qualités.

- Le besoin de se justifier, ses propres choix n'étant pas assumés.

- Être perfectionniste, en cherchant à se mettre dans des situations pour ne pas être jugé, mal aimé, à se créer beaucoup de stress.

- Ou au contraire répondre à une étiquette que l'on croit être, par mésestime, en se mettant dans des situations d'échec.

- Abandonner avant même de commencer en cédant à la peur du succès ou de l'échec.

- L'indécision, avec une tendance à anticiper les problèmes potentiels, le focus est mis sur les problèmes et la gravité des conséquences plus que sur un désir, une volonté du cœur.

- L'hypervigilance, le contrôle avec une anxiété constante et la peur de commettre des erreurs peut conduire à vouloir tout anticiper, tout analyser , pour notamment prévenir des situations dangereuses pour son image.

22. Comment se connaître, connaître ses capacités, ses facultés naturelles, ses désirs ?

En écoutant ses élans du cœur, ses envies et en y répondant en se mettant en action. C'est en expérimentant des activités, en écoutant en dedans de soi ses ressentis que l'on peut connaître ses capacités, ce pour quoi nous avons du talent, ce pour quoi nous sommes inspirés. C'est en fonction de nos réactions internes que nous pouvons déceler ce pour quoi nous sommes doués.

Lorsque nous prenons du plaisir à l'action, c'est que cette action répond à une capacité innée, car la joie est l'émotion de notre véritable nature. C'est l'acte de se donner, de s'offrir à la vie, lorsque nous nous laissons traverser par elle qui permet la multiplication et l'abondance. Un arbre libre et bien dans son environnement, hors nuisibles va donner de beaux fruits en abondance. S'il est déterré et que l'on coupe ses racines pour le planter dans une autre terre, ses chances de survie naturelles s'amoindrissent, tout comme sa production. Il n'est pas naturel de couper un arbre de son environnement, tout comme il n'est pas naturel de se brider de la joie, notre état naturel. Être en état de joie, en état de grâce est notre droit le plus noble car c'est notre état naturel !

Et c'est le manque de confiance en soi, qui empêche bien souvent la mise en action, c'est lui qui bloque la découverte de ses capacités, la découverte de sa véritable nature.

23.   Trouver sa place

A partir du moment où nous avons l'impression de ne pas être à notre place, c'est que nous ne sommes pas alignés à qui nous sommes réellement.

Par défaut, notre place est telle qu'elle est et c'est notre positionnement intérieur qui dénote par le fait d'en être tout simplement absent. A partir du moment où nous cherchons à nous trouver de l'extérieur, nous ne nous trouverons jamais car à l'extérieur tout bouge tout le temps ! **Notre place est en dedans de nous et c'est uniquement là que l'on peut être en sécurité.**

24. La confiance se trouve dans la stabilité

La confiance en soi est un concept humain. Tout concept humain est forcément instable dans la mesure où l'homme possède à chaque instant le loisir de faire des choix différents !

L'être humain peut réellement se sentir en confiance, il ne peut avoir confiance en lui que lorsqu'il se sent en sécurité.

La sécurité se trouve dans la stabilité. Le sentiment d'être en sécurité se trouve uniquement lorsque la personne est stable en son être, qu'elle est en symbiose avec sa part supérieure, qu'elle en aie conscience ou non.

Lorsqu'elle touche réellement à sa vérité, à sa nature profonde d'être d'amour incarné venu être amour. Cela peut paraître bien utopique mais c'est une **très grande vérité**. Seule la posture d'équilibre en son être entre sa part humaine et sa part divine permet d'être en état de confiance. C'est dans cet **équilibre** qu'il est possible de se déployer de manière alignée, juste et qui permet de **trouver un plaisir durable et éternel, le bonheur, la paix.**

En avoir pleinement conscience permet d'œuvrer pour trouver et maintenir cet équilibre. Cela demande un effort constant, une discipline, celle de se soumettre à la vie, au bien, au respect, à la bonne hygiène de vie, physique, relationnelle, personnelle. Chaque déséquilibre amenant une difficulté, une souffrance, soit dans le corps, soit dans l'émotion, les relations amicales, amoureuses, familiales, le travail, l'argent…

L'amour de soi n'est pas un concept qui se pense, cela se ressent à l'intérieur, il se vit. Ceux qui cherchent avec leur tête des solutions à leur mal être ne trouveront ici qu'incompréhensions et déceptions. **Chaque guérison, qu'elle qu'elle soit passe par le corps et uniquement par le corps car il est réellement le réceptacle divin de la vie. Il est le temple qui exprime nos douleurs conceptuelles mais aussi nos joies et nos envies de l'instant.**

Tout ce que nous vivons est prétexte à nous faire vibrer, à ressentir des choses à l'intérieur. Et le concept de confiance en soi se trouve dans le fait de toucher, sentir, connecter notre force intérieure, lorsque nous touchons à notre puissance de vie bien réelle dont nous avons été, pour la plupart, coupé dès ou rapidement après notre naissance.

Cette force est d'une stabilité sans pareille car elle nous permet de nous connaître avec certitudes, elle nous permet de nous ajuster à chaque instant en faisant des choix sécures pour nous sans aucune hésitation.

La confiance en soi ne peut se trouver que sur ce qui est stable. C'est la stabilité de notre être auprès duquel notre petit personnage fabriqué peut **littéralement s'en remettre** à condition de le vouloir profondément et de s'y soumettre avec une foi inébranlable et la conscience que répondre non plus à des obligations mais à des envies change tout. Toute notre énergie s'allège de manière considérable et notre vie s'aligne de manière incroyable avec nos aspirations. Le doute n'a plus sa place, tout n'est que certitudes.

25. La stabilité dans la transparence

En étant honnête avec soi, cela permet d'apprendre à se connaître, de connaître sa valeur, de savoir comment nous nous animons à l'intérieur et pourquoi nous réagissons de telle ou telle sorte. Être honnête envers soi rend responsable car cela met en évidence sa propre responsabilité dans sa vie, dans ses actes, ses paroles, ses pensées.

La personne qui se rend progressivement compte de sa responsabilité dans sa vie va petit à petit ne plus focaliser sur les autres, elle va cesser de pointer la faute aux autres et surtout ne plus prendre personnellement les accusations ou jugements de l'extérieur car elle saura qu'elle n'est pas le problème des autres et elle apprendra à poser ses propres limites pour être respectée et non envahie par les autres.

Avoir confiance en soi est avant tout une histoire de posture stable intérieure qu'il est possible de saisir lorsque nous ne sommes pas dépassés par nos émotions.

Ce sont les émotions qui font vaciller le personnage construit que nous sommes ! Ce sont elles qui animent nos écarts de vibrations lorsqu'elles nous submergent et qu'au lieu de juste les laisser nous traverser nous retenons à l'intérieur par peur d'en être submergés par leur puissance, notre puissance. Ou alors, que nous gardons en nous y attachant au point de les alimenter de manière incessante en formant une boucle infernale d'histoires qui se rejouent à l'infinie et dont nous nous identifions puissamment.

La transparence de ses émotions permet la stabilité en soi.

Tout comme la transparence en ses faiblesses, en ses capacités, en ses dons, en ses limites, en ses besoins, en ses envies, en ses répulsions, ses aversions, etc…

Partout où il y a du brouillard il y a de la souffrance. Il n'y a qu'en trouvant de la clarté dans le brouillard qu'il est possible de toucher cette force intérieure qui transcende tout, sinon à chaque zone de brouillard revisitée il y aura de la souffrance encore et encore.

26. Domaine de confiance

Les expériences de la vie vont progressivement nous forger dans divers domaines.

Ceux qui ont une foi solide en la vie, appréhenderont mieux tous les aspects en général par leur posture d'abandon mais c'est vraisemblablement l'expérience qui permet de connaître ses capacités, ses préférences.

Nul ne sera jamais bon dans tous les domaines et c'est le discernement par la connaissance de soi qui permettra d'apprendre à se faire confiance en allant vers ce qui nous appelle.

En allant dans des domaines pour de mauvaises raisons, pour faire plaisir par exemple, parce-que c'est ce que l'on attend de nous, alors notre confiance vacillera par notre manque de savoir-faire, d'engagement et de bon cœur à l'ouvrage.

27.   Temporalité

La temporalité et la persévérance sont aussi à prendre en grande considération, il faut du temps pour apprendre, selon un rythme propre à chacun. Tout vient à point à qui sait attendre, …. et à qui le veut d'une intention pure et sincère.

Nous sommes souvent trop pressés d'atteindre le résultat escompté mais il faut du temps pour construire. Bien que les plans d'une maison soient posés sur papier de manière claire et précise, il est nécessaire de la construire pierre après pierre pour la voir s'ériger. Cela demandera des heures de travail. L'ouvrage est nécessaire, sans quoi, bien que modélisée, elle ne verra jamais le jour.

N'espérez pas que la vie réponde à toutes vos intentions comme par magie sans que vous n'ayez à lever le petit doigt ! En revanche, lorsque tous les facteurs sont réunis pour la concrétisation d'un projet, si celui-ci vous tient à cœur et que sa bonne conduite est alignée avec vous, alors la vie vous aidera de manière spectaculaire avec de parfaites synchronicités pour vous aider à le mettre en œuvre comme par magie !

Mais sans compter économiser votre sueur et votre courage, c'est justement pour cela que vous êtes faits ! **Pour mettre en matière des concepts par le biais de ce que vous êtes, ce qui vous anime.** Vous êtes des êtres créateurs et tout un processus de conceptualisation, fabrication est nécessaire selon diverses étapes précises, ayant pour fil conducteur de la motivation et des émotions. **Le résultat et les fruits dépendront de la qualité de l'énergie déployée dans la mise en œuvre de chaque étape.**

En bâclant le travail par impatience, cela se fera sentir dans la qualité du résultat, ce qui peut décevoir par l'écart entre la motivation initiale et la réalité visible de l'achèvement de l'œuvre.

Il est donc très important d'être patient et de poser beaucoup de conscience à chaque étape du travail en le faisant du mieux possible. Être dans une posture d'être tout en faisant, sans focaliser toute son énergie d'impatience sur le résultat qui de toute manière aura lieu et n'en sera que plus beau, plus abouti, plus attrayant, plus fructueux !

28.   Jésus, exemple de confiance

Les religions ont été inventées par les hommes dans le but d'atteindre l'éveil spirituel. Afin de nous faire gouter, par des pratiques, des croyances à **une forme de soumission de l'ego qui permet à Dieu, à la vie, de se manifester à travers nous.**

En effet atteindre une posture de silence et d'accueil de l'Amour, Dieu, la Vie, le Niveau Supérieur… face au brouhaha mental dont nous avons tous hérité, cela s'apprend par des pratiques pour atteindre un état d'être permettant à notre guidance intérieure, à notre Soi véritable, notre Ame… de s'exprimer pour que nous puissions l'entendre de nos sens subtils. Certains sont plus doués que d'autres, cela dépend des encombrements de chacun.

L'homme de tout temps a très souvent besoin de s'identifier à l'extérieur pour avoir des repères et se construire, s'ajuster.

Jésus est l'exemple de confiance pure. Son alignement était si parfait qu'on le disait mi-homme, mi

Dieu. Il était un être accessible par tous car d'une bonté et d'une compassion infinies. **Sa capacité d'accueil hors pair permettait à chacun, grâce à lui, de se voir de manière vraie et authentique. Il mettait tous ceux qui le croisaient face à leurs mensonges qu'ils ne pouvaient plus se nier,** c'est en ce sens que l'on dit de lui qu'il a « racheté les péchés » de tous. **La rencontre personnelle de l'amour inconditionnel, tue l'ego démesuré, ainsi il se soumet à la vérité, à la transparence que permet l'amour. C'est l'amour qui guérit, c'est la foi en une dimension bien plus grande que la petitesse limitée de l'humain.** C'est la connaissance de son Soi véritable qui permet à l'être humain de se déployer en confiance, de manière éternellement durable et sans limites. Jésus en son accomplissement, pouvait et peut encore guérir la terre entière par l'ouverture de son cœur sans limites pour ceux qui « croient » en lui !

En « croyant » en Jésus, c'est comme dire que l'on croit en l'amour ! C'est admettre notre nature divine, notre essence d'amour, celle qui coule en nous si nous acceptons de la laisser nous traverser sans broncher.

L'énergie christique, c'est l'énergie d'amour, c'est l'essence de ce qui nous anime. En disant « je crois en Jésus Christ », je dis « oui à la vie » ! Je laisse la vie m'incarner au lieu d'incarner la vie.

Je dis oui à ce que la vie a à m'offrir plutôt que de subir en résistant, en refusant ce que la vie me propose.

Lorsque je dis non, ou je n'y crois pas, c'est comme si je refusais ce que la vie avait de mieux à m'offrir pour rester dans mes souffrants mensonges.

Nous avons tous des aspects plus ou moins accomplis.

29. Exercice pratique pour reprendre confiance en soi

S'écrire une lettre peut être un très bon exercice pour reprendre confiance en soi. C'est comme prendre rendez-vous avec soi-même pour se dire les choses que nous ne prenons pas le temps de voir, qui nous bloquent inconsciemment, et dont nous souffrons. Car ce sont ces choses cachées qui nous animent tant qu'elles ne sont pas clairement dénoncées.

Cela permet de poser des mots sur ce que l'on ressent, d'extérioriser et d'exprimer ses doutes, ses peurs, des émotions refoulées. Un parfait exercice pour clarifier ses pensées et voir à quel point elles nous manipulent.

Pour gagner en confiance, il est primordial d'être bienveillant envers soi, un effort pour user de paroles bienveillantes est donc nécessaire. Soyez doux envers vous-même ! Vous n'êtes pas ce que les autres pensent ou disent de vous, il est temps de vous voir à travers votre propre regard en utilisant vos propres mots. Et soyez honnête, vous méritez le meilleur !

C'est aussi un très bon exercice pour prendre conscience de vos forces, vos atouts, pour vous rendre compte de là où vous excellez naturellement, sans trop d'efforts en vous remémorant des réussites et des qualités vantées de la part de notre entourage, bien que flattés nous accueillons, pour certains, difficilement les mérites par un trop plein d'humilité mal appréhendé.

Voici un exemple de trame :

1. Commencez par une introduction positive.

2. Évoquez les moments ou situations où vous avez ressenti un manque de confiance.

3. Reconnaissez les émotions que ces moments ont suscitées.

4. Reconnaissez vos forces, qualités, compétences et réussites.

5. Identifiez vos points faibles et transformez-les en défis.

6. Décrivez vos aspirations et ce que vous souhaitez réaliser.

7. Fixez-vous des objectifs réalistes et atteignables.

8. Encouragez une attitude positive et proactive face aux défis futurs.

9. Célébrez vos progrès.

10. Terminez sur une note d'espoir et de confiance, une affirmation positive.

La confiance en soi est un voyage, et non une destination. Il est important de pratiquer la bienveillance envers vous-même afin de continuer à progresser. N'hésitez pas à personnaliser cette lettre avec vos propres mots et expériences. Le plus important est qu'elle résonne avec vous et serve de rappel positif dans votre cheminement vers la confiance en soi.

Dans votre lettre, soyez honnête et authentique. Écrivez avec votre cœur et exprimez vos sentiments réels. Pour cela, utilisez un langage positif et encourageant, évitez les phrases négatives.

Voici un exemple de lettre pour reprendre confiance en soi

« Chèr(e) moi, bienvenue dans ce voyage intérieur. A travers cette lettre, je vais te rencontrer, te découvrir, te remettre au centre de ta vie pour que tu saisisses le sens de ton existence et à quel point tu as de la valeur à mes yeux ! Tu vas pouvoir t'asseoir fermement sur le pilier de ton existence pour croire en toi, pour retrouver cette confiance en toi qui te fait tant défaut aujourd'hui. Souviens-toi bien que tu es une personne unique et extraordinaire, et que tu es bien plus que ce qu'on t'a fait croire.

Je sais que tu traverses ou que tu as traversé des périodes difficiles. Tu te sens peut-être perdu(e), découragé(e), seul(e) et tu doutes de tes capacités à t'amoindrir, te dévaloriser au plus bas, allant jusqu'à remettre en question ton existence propre ! Tu as pu te sentir très mal, ne pas te sentir à la hauteur à en avoir peur des gens, des circonstances de la vie à jusqu'à fuir dans l'espoir de ne plus rien ressentir. Mais tu trompes.

Déjà sache que tu n'es pas le, la seul(e) à vivre cela et que ce n'est qu'un passage ! Tu n'as absolument aucun pouvoir sur les autres, leurs agissements et ce qu'ils pensent. En revanche, tu as un super pouvoir, et pas le moindre, sur toi ! Sur ce que tu veux dans ta vie pour toi et comment tu veux te sentir.

Chaque mise à l'épreuve sert à te faire repousser tes propres limites et sauter les barrières que tu t'es érigées, pour te rappeler que sans ton pouvoir d'action, rien ne bouge dans ta vie si ce n'est en fonction des circonstances extérieures. Sans ton pouvoir d'action, tu te crées une vie de dépendances et tu es au service et au bon vouloir de ton entourage, tu subis ta vie.

Rappelle-toi, toutes les fois où tu as réussi ! Tes victoires, les obstacles que tu as traversés, les difficultés auxquelles tu as fait face avec force et courage. Chaque épreuve sert à te rappeler la force dont tu disposes pour les surmonter, chacune d'elle étant une leçon de vie.

Apprendre, c'est parfois se tromper, parfois échouer. Mais l'échec c'est de rester là où tu es, de ne pas te relever. Tant que tu avances, tu réussis, tu gagnes. La vie est un long apprentissage et les désillusions en font partie. Ce ne sont des échecs que si tu décides qu'ils le sont. Sinon, ce sont des leçons de vie, des moyens de t'améliorer. Et il n'y a rien de négatif là-dedans !

Alors oublie tes émotions négatives et tes croyances limitantes qui t'empêchent de te projeter et de donner toute la place méritée à ta confiance en toi.
Il est temps de te concentrer sur ce que tu veux vraiment réaliser. Visualise tes rêves et les étapes que tu peux entreprendre pour y

arriver. Chaque petit pas compte, et tu es capable de plus que tu ne le penses.

Comprends que ce que tu vis est une incroyable opportunité de croissance. Accepte cette réalité comme un défi à relever, et transforme tes peurs en un moteur, en une source d'énergie et d'envie.

Souviens-toi de tous les moments où tu as été courageux(se), où tu as surmonté les obstacles et où tu n'as pas abandonné. Tu y as découvert en toi le pouvoir extraordinaire de la résilience. Elle te révèle une force incroyable.

Souviens-toi de tes succès, grands et petits. Ils témoignent de ta capacité à atteindre tes objectifs. Tu as beaucoup de talents et de qualités. Fais-en la liste pour te rappeler de ton potentiel à chaque moment de doute.

Félicite-toi pour tes efforts, même les plus petits. Célèbre chaque petite victoire, crois en toi et tu iras loin.

Je suis fier(ère) de toi et de ton parcours. Tu es une personne formidable et tu as tout ce qu'il faut pour réussir et connaître le bonheur.
Nourris ta confiance en toi, crois en elle, célèbre-la !

Tu es capable, tu es suffisant(e), tu peux avoir confiance en toi. Fais confiance à ton intuition, tes envies, tes espoirs et tes rêves.

Ne laisse jamais personne les abîmer, ne laisse jamais personne te remettre en question.

Tu mérites de croire en toi. Tu es digne d'amour, de respect et de succès. Prends soin de toi, sois patient(e) avec toi-même et rappelle-toi que la confiance en soi se construit jour après jour. Car chaque jour, chaque expérience est une nouvelle opportunité de te rapprocher de la meilleure version de toi-même.

« Je suis fier(e) de moi et je crois en moi ». Répète-toi cela comme un mantra, qu'il devienne ta source d'inspiration, ta vérité, ta réalité. Ta confiance en toi est ta meilleure alliée ! »

30.   Mantra pour retrouver la confiance en soi, acte d'abandon à la vie

Un mantra agit comme une formule magique. Ce sont des mots, des phrases encodés énergétiquement, qui vont, une fois répétés, agir pour réaligner ce qui se doit de l'être selon l'intention émise. Le verbe est créateur, comme tout ce qui sort de nous. En plus de comprendre le sens, il est nécessaire de s'en imprégner pleinement au-delà des mots, émotionnellement, énergétiquement, viscéralement à la mesure de votre degré de volonté de retrouver votre pouvoir personnel, de toucher la force qui vous anime dans vos tripes. Cela marche et est très concret, très palpable. **De la force émise dépendra le pouvoir d'action.** Vous pouvez répéter ces mots autant de fois que vous le souhaitez, sans modération, tout comme vous pouvez librement utiliser vos propres mots, votre propre formule magique personnelle.

Voici un exemple de mantra. Vous pouvez créer votre propre formule magique, votre mantra personnel avec vos propres mots, votre propre couleur de vibration.

Les deux mains sur le cœur, j'y pose toute ma conscience. Tout en prêtant attention à ce qui se passe à l'intérieur de moi, dans mon corps, je dis :

« En confiance, Je me « confie en ce » qui est bon pour moi, car je sais que tous mes choix sont louables. La vie est mon parent envers qui, tel un petit enfant assuré par la joie, je m'en remets. La vie sait ce qui est bon pour moi, car je suis la vie.

En confiance, je créée mon meilleur scénario car le plus merveilleux des hasards c'est le papillon du décor, celui qui change tout, qui embelli l'image, non pour rendre l'image belle mais car c'est ici qu'il se sent bien, c'est chez lui.

J'ai le pouvoir sur ma vie, j'ai droit au meilleur, je suis capable de tout. Je m'aime et je me respecte, je suis la joie.

Sans joie, ce n'est pas moi. Moi seul(e) ai le pouvoir sur ma vie, sur ma joie. »

Mot de la fin

Quand je suis en confiance j'avance avec joie car je sais ce qui est bon pour moi.

Une personne qui a confiance en elle est en sécurité, elle est intouchable et ne pose pas sa sécurité à l'extérieure d'elle, nul besoin de grigri pour sa protection, il lui suffit de poser clairement ses limites.

Intégrer une dimension supérieure dans sa vie permet sans conteste d'avancer assurément en confiance.

Acquérir la confiance en soi passe indéniablement par le biais de l'expérience. C'est la fierté de trouver satisfaction dans le fait de se voir capable de réussir quelque chose.

La réalisation du Soi permet de saisir la dimension supérieure où tout est inter relié, chacun de nos faits et gestes, chacune de nos pensées et paroles a un mouvement sur tout et nous permet de comprendre notre responsabilité sur nos actions agissantes sur l'évolution du monde tout entier !

Et si la clé d'une vie heureuse résidait, non pas dans l'éviction de vivre la souffrance et l'effort mais d'y trouver une certaine forme de plaisir en y plongeant sans retenue, tête bèche, à en être bouleversé de toute part. Mis à l'épreuve, pour évincer les peurs pour en saisir les subtiles cadeaux d'une beauté sans pareille par l'intensité de l'expérience vécue !

****

NOTES PERSONNELLES

Ophelieboumela.wixsite.com/website

Ophelie.boumela@gmail.com

La confiance en soi